10分で読める伝記

2年生

監修＝関西大学初等部・中高等部
学校図書館教育主任
塩谷京子

学研

10分で読める伝記 2年生 もくじ

何でも「どうして？」の子どもが発明王に

エジソン

文・甲斐　望
絵・福田ゆうこ

今から　およそ　百六十年前。よの中に　電話や、電気の　明かりが　まだ　なかった　ころ、アメリカの北の　町に、一人の　「知りたがりや」の　男の子がいました。名前は、トーマス・アルバ・エジソン。

エジソンは　ふしぎそうに、鳥小屋に　いるガチョウの　お母さんを　ながめています。

「鳥は　なぜ、たまごを
あたためるんだろう。
よし、ぼくも　やってみよう。」

エジソンは、たまごの　上に　すわりました。

一時間、二時間、三時間……たまごは　何も
かわりませんが、エジソンは　あきらめません。
すると、お父さんが　やってきました。
「何　やってるんだ。まったく、おまえの『なぜ』
『どうして』には、あきれたもんだ。」
あるときは、「木は、なぜ　水に　うくんだろう。」
と、みずうみで　じっけんを　して　水に　おちたり、
「小麦粉は、どうやって　作られるの。」と、工場を
のぞきに　行って、小麦粉に　うもれたり……。
小学校でも　しつもんばかりの　エジソンを、先生は

「おかしな　子」と　きめつけました。
エジソンは　学校が　いやに
なり、小学校を　三か月で
やめてしまいました。
それでも、お母さんだけは、
エジソンの　みかたでした。
「『なぜ』と　思う　心は、
すばらしいわ。これからは
毎日、お母さんと　本を
読みましょう。」

「お母さん先生」が　くれた　科学の　本には、むねが
わくわくする　ことが　いっぱい　のっていました。
中でも、エジソンを　おどろかせたのは、「電信の
仕組み」でした。

「電気の　しんごうで、遠く　はなれた　人に
メッセージを　おくるのか。電気の　力って、
すごいんだなあ。ぼくも、ためして　みたい！」

十二才に　なると、エジソンは　汽車の　中で
新聞を　売る　しごとを　はじめました。そして
三年後、うんめいの　できごとに　出会うのです。

エジソンが　ある日、
駅の　ベンチに　すわって
いた　ときの　こと。
とつぜん　線路に　男の子が
とび出して　きたのです。
目の　前には　汽車が――。
「あっ、ぼうや、
あぶない！」
エジソンは　すぐさま
線路に　とびこみました。

汽車は　いきおいよく　通りすぎ、男の子と
エジソンは、わずかの　ところで　たすかりました。

「だいじょうぶか。おお、むすこよー」

男の子は、駅長さんの　むすこでした。

駅長さんは　よろこんで、言いました。

「ありがとう。何と　おれいを　言ったら　いいか。

そうだ　きみ、電信の　通信手の　しごとを　して
みないか。やり方は　教えるよ。」

「電信の　しごと？　やったあ！」

十六才で、エジソンは　電信の　通信手と　して

活やくしはじめました。
トン、ツー。しんごうを、すばやく
うって　いきます。けれども、
ただ　しんごうを　うつだけでは、
まんぞくできませんでした。
エジソンは、考えていました。
「この　電信の　仕組みを
つかえば、何か　べんりな
ものが　発明できるんじゃ
ないか…。」

しごとの　合間に、エジソンは　じっけんをかさねました。毎ばん、毎ばん、メモを　とりながら六年間……、ノートは、ひらめきや　アイデアのメモで　いっぱいに　なりました。

「もっと　時間が　ほしいな。よし、きめた！」

　エジソンは、ニューヨークへ　行こうと　きめました。二十二才、お金も　にもつも　もたない、ちょうせんでした。

　エジソンは　まず、電信の　仕組みを　つかい、金や株の　ねだんを　同時に　多くの　人に　知らせる

きかいを　発明しました。この　きかいは、
銀行や　会社で　はたらく　人びとに
とても　よろこばれました。
「みんなが　ほしい　ものを、
どんどん　作るぞ。」
発明家と　いえば　一人で
だまって　つくえの　上で
計算を　している　ような
人が　多かったのですが、
エジソンは　ちがいました。

友人を　たくさん　よんで、アイデアを　出しあい、
思いついた　ものは、どんどん　ためしていくのが
エジソンの　やり方でした。
「『しっぱいしたら、はずかしい』なんて　考えてちゃ
だめだ。おそれず、思いきって　やろう。」
昼も　発明、夜も　発明……、ねる　時間は　たったの
二、三時間。そんな　エジソンに、友人たちが
いちばん　おどろいたのは、「どんな　ことが　あっても
くじけず、楽しもうとする　心」でした。
あるとき　エジソンは、電話を　発明しようと、

二千回にも　およぶ　じっけんを　くりかえして
いました。ところが、ベルと　いう
発明家が　電話を　かんせいさせ、先を　こされて
しまいました。エジソンは、言いました。
「くやしいなあ。それじゃ　ぼくは、もっと　べんり
で、おもしろい　ものを　作って　みせるぞ。」

こうして　生まれたのが、今の　CDや
音楽プレーヤーの　ご先ぞさまとも　よべる
「ちく音き」です。

エジソンが　三十才の　ときの　発明でした。

このころ　エジソンは、長年の　つかれで　体を　こわしてしまいました。そこで、少し　休みを　とろうと　山に　出かけました。そして　これが、のちに　大発明を　生む　きっかけと　なるのです。

「山の　夜は　まっくらだな。夜が　昼のように　明るくなったら、どうだろう……そうだ！　電気で　光る　ランプが　あれば、町は　べんりになるぞ。」

『電球』の　発明への、はじまりでした。

ガラスだまの　中で、細い　線に　電気を　ながすと光ります。でも、その　光を　長もちさせる　細い線の　ざいりょうを　見つけるのが　たいへんでした。白金、もめん糸、木の　かわ……。いろいろなざいりょうで　何ども　何ども　じっけんをくりかえしました。

「だめだ。エジソン先生、これも　だめです。」

「いいや、あきらめないぞ。ぜったいに！」

百回、千回、一万回……そして　ついに、一八七九年十月二十一日の　ことです。

もめん糸を　すみに　した　ものを　ざいりょうに
つかった　電球の　光が、四十時間も　かがやき
つづけたのです。
「やった！　新しい　明かりの　たん生だ。」

その後、八十四才で なくなるまでに、エジソンは
千点もの 発明品を 生みだしました。
エジソンの、けっして あきらめない ど力が
くれた 明るい 光は、今も せかい中の 人びとを
あたたかく てらして います。

トーマス・アルバ・エジソン
(一八四七〜一九三一年)

エジソンの 電球と 日本の 竹

エジソンの 電球には、電気を 通す ための ざいりょうと して、はじめは もめんの 糸を やいて、かたい すみに した ものが つかわれました。
その後、もっと 長く 光らせる ために せかい中から ざいりょうを あつめ、くふうを かさねました。中でも とくに すぐれていたのが、日本の 竹でした。今の 京都府 八幡市に 生えていた 竹が つかわれたと いわれています。

女せいで はじめて
ノーベル賞を
とった 科学者

マリー・キュリー

文・入澤宣幸
絵・汐崎亮子

「マーニャ、学校ごっこしよう。わたしが 先生よ。」

七才の ブローニャが、文字の 書いてある カードを ならべながら 言いました。お父さんから 国語の 勉強を するように 言われた ブローニャは、一人では つまらないので、四才の 妹の マーニャを さそったのです。

「わたし、字、読めない。」

マーニャは、生徒に なりましたが、何も わかりませんでした。でも しばらく すると、

（字と 字を 組みあわせると、いろんな ことばに

なるんだ！）
と、気づき、むちゅうで
あそびはじめました。
二週間後、マーニャは
ブローニャよりも
上手に　本を　読めるように
なっていました。
「すごい……、マーニャ。」
ブローニャも　お父さんも
目を　丸くしました。

この　マーニャこそが、後に　女せいで　はじめて、
しかも　二回、ノーベル賞を　もらうことに
なる　マリー・キュリーです。
マーニャは、本が　大すきに　なりました。本を
読むと、今まで　知らなかった　ことが　わかります。
すると　もっと　つぎの　ことが　知りたくなり、
もっと　もっと　本が　読みたくなるのです。
小学校へ　入った　マーニャは、図書室の　本を
かたっぱしから　読んで　いきました。
ある日、なかの　よい　友だちが、本を　読んで

いる　マーニャに　いたずらを　しました。マーニャの
まわりに　いすを　高く　つみ上げたのです。
いすは　くずれおちて、大きな　音を　立てましたが、
マーニャは　何も　気づきませんでした。それほど
本に　むちゅうだったのです。

せいせきの　よい　マーニャは、
二学年上の　クラスに　入りましたが、
そこでも　いちばんでした。
勉強は、天に　つづく　長い
かいだんに　にています。
一だん一だん　上る　ごとに、
今まで　見えなかった　けしきが、
少しずつ　遠くまで　見えて　くるのです。
（もっと　知りたい！　もっと　見たい！）
マーニャは　大学に　行きたいと　思いました。

しかし、そのころ　マーニャの　生まれた　ポーランドという　国では、女せいは　大学へ　行くことが　ゆるされて　いませんでした。フランスでは　女せいも　大学に　行けます。でも、フランスに　行って　大学に　通うだけの　お金は　家に　ありませんでした。

　そこで　マーニャは　考えました。

「ブローニャ姉さんも　大学に　行きたいでしょ。」

「行きたいわ。わたし、おいしゃさんに　なりたいの。」

「行きなさいよ。わたしが　お金を　かせぐわ。」

「マーニャは　どう　するの。」

「姉さんが　大学を　そつぎょうしたら、つぎは
わたしを　フランスに　よんでほしいの。」

マーニャは、お金を　かせぐために　いなかで
すみこみの　家庭教師に　なりました。

　いなかには、まずしくて　学校へ　行けず、自分の
名前も　書けない　子が　たくさん　いました。

マーニャは　そんな　子たちには、お金を　もらわずに
読み書きを　教えました。

　時間を　見つけては　自分の　勉強も　つづけました。

マーニャは、科学が　いちばん　すきでした。

八年後、いしゃに　なった　ブローニャは、
マーニャを　フランスに　よびました。
二十四才の　マーニャは、ついに　パリ大学に
入学しました。
マーニャは、フランス語の　言い方で、
「マリー」と　名のる　ことに　しました。
マリーは、わき目も　ふらずに
科学の　勉強を　はじめました。
天に　つづく　科学の　かいだんを
どんどん　上って　いきました。

そのころ、科学者の　間で　石の　中に　ある「ウラン」と　いう　つぶが　話題に　なって　いました。ウランが　目に　見えない　あやしい　光を　出すと　いうのです。その　光の　正体を　つきとめる　ことは、たいへんな　ことの　ようです。科学の　かいだんに、きりが　かかったように、先が　見えなくなりました。

「わたしが　正体を　しらべます。」

マリーは　まよわず　言いました。

マリーは、ピエール・キュリーと　いう　科学者と　けっこんしましたが、ピエールも、いっしょに

けんきゅうしようと　言って
くれました。二人は　きりの
中へ　手さぐりで
入りこんで　行きました。
あやしい　光は、当たった
ものを　こわしたり
つきぬけたり　することが
わかりました。マリーは、
これを「放射線」と
名づけました。

さらに　マリーは、同じ　石の　中に　ウランよりも　もっと　強い　放射線を　出す　何かが　ある　ことに　気づきました。二人は、それを　とり出す　ために、大りょうの　石を　じっけん室に　はこびこみ、くだき、すりつぶしました。すなぼこりの　中、たいへんな　しごとが　毎日　つづきました。

もって　いた　お金は　ぜんぶ、石を　買いあつめる　ことに　つかいました。二人は、三年間　かけて、放射線を　出す　ものの　一つを　見つけ、「ポロニウム」と　名前を　つけました。

二人は　手を　とって　よろこびましたが、
顔色は　わるく、体重は　へって
いました。たくさんの　放射線を、
長く　あびつづけて　いたからです。
それでも　マリーは　言いました。
「まだ　おわって　いないわ…。」
そして　四年後、もっと
強い　放射線を　出す
「ラジウム」を　ついに
発見しました。

ようやく　かいだんの　きりが晴れました。二人は　くるしんだ日びを　思いだしながら、青白く光る　ラジウムを、長い　ことだまって　見つめました。

二人は　その後　ノーベル賞をもらいましたが、ピエールは間もなく　交通じこで　しんでしまいました。しかし　マリーは、この　大きな　かなしみを　のりこえ、

さらに　一人で　けんきゅうを　かさねました。
放射線は、病気の　ガンを　なおしたり、きかいの
見えない　ところを　しらべたり　するのに　役立つ
ことが　わかりました。
「ラジウムの　とり出し方を　教えて　ください。
お金は　出します。」
せかい中から　声が　かかりましたが、マリーは
お金を　うけとらずに　とり出し方を　教えました。
「科学は、せかい　みんなの　ものです。ただ、
放射線には　ちゅういして　くださいね。」

そう　言った　マリーの　手は、やけどのように
ただれ、ペンも　もてないほどでした。
マリーは、白血病に　なっていました。
マリーは、科学の　かいだんを　上りつづけながら、
ふっと　きえるように　このよを　さりました。

マリー・キュリー
（一八六七～一九三四年）

科学に　一生を　ささげた　ノーベル賞一家

　科学の　はってんに　つくした
マリーは、夫の　ピエールと　ノーベル
物理学賞を　うけ、その後　ラジウム
などの　発見で　ノーベル化学賞を
うけました。一人で　二ど　ノーベル賞を
受賞したのです。マリーは　ノーベル賞の
賞金を　科学団体などに　きふしました。
　さらに　マリーの　むすめ　イレーヌも
お母さんを　見ながら　そだち　科学者に
なり、夫と　ともに　ノーベル化学賞を
うけました。

耳が 聞こえなくなっても うつくしい 音楽を つくった

ベートーベン

文・甲斐 望
絵・塚越文雄

ポロロン、ポロロン、ポロロロロン

……。

「だめ、だめ。そんな
ひき方じゃ、だめだ。」

うすぐらい　やねうらべやから、
ピアノの　音色と、お父さんの
どなり声が　ひびいて　きます。

今から　およそ　二百三十年
前の、ドイツの　町、ボン。
四才の　男の子、ルートビッヒ・

バン・ベートーベンが、お父さんに　ピアノを　教えて
もらっています。
ベートーベンの　お父さんは　音楽家でしたが、
いつも　おさけを　のんでばかり。しごとも　うまく
いかず、生活も　まずしく　なるばかりでした。
そこで　むすこを、そのころ「天才」と　いわれて
大活やくして　いた　モーツァルトのような
大音楽家に　そだてようと、ひっしだったのです。
お父さんの　教え方は　らんぼうで、楽ふ通りに
ひかないと、たたかれる　ことも　ありました。

「くるしいよ……さみしいよ……ママ。」

お母さんは、赤ちゃんの　せわで　大いそがし。あまえる　ことも　できません。おさないベートーベンにとって、ピアノだけが　友だちでした。

ポロロン、ポロン、ポロロロン……。

そんな　ベートーベンが、音楽の　本当の　楽しさを知ったのは、十一才の　とき。王さまの　おしろでオルガンを　ひく　しごとを　する、ネーフェ先生と出会ってからでした。先生は　お父さんとは　ちがい、ピアノを　のびのびと　自由に　ひくことを　ゆるしてくれました。また、ひくだけでなく、曲の　作り方も　教えてくれたのです。

「自然に　耳をかたむけなさい。水のながれや　鳥の　さえずり……自分の　心に　耳を　すませなさい。きっと　いい　曲が　作れるはずだ。」

ベートーベンは、ネーフェ先生が大すきに　なりました。

すると、ピアノも　作曲も　どんどん　うまく　なり、やがて　オルガンえんそうの　しごとも　手つだわせてもらえるほどに　なりました。

そして　十七才の　とき、先生は　言ったのです。

「ウィーンへ　勉強に　行かないか。きみの　作る曲は　すばらしい。もっと　うまく　なるはずだ。」

「ぼ、ぼくが？　あの、ウィーンに。」

頭に　うかんだのは、モーツァルトの　顔でした。

（あの　有名な、モーツァルト先生が　活やくするウィーン――よし、やって　やるぞ！）

音楽の　町、ウィーンでは、　音楽家たちが　うでを
きそいあう　「えんそう会」が
ひらかれて　いました。
ベートーベンは　さっそく、
モーツァルトの　いる
会場へと　とびこみました。
「先生、ぼくの　ピアノを
聞いて　ください。」
ところが　モーツァルトは
見むきも　しません。

まけずに　ベートーベンは、言いました。

「モーツァルト先生。何か　曲の　さいしょの部分だけ　ください。ぼくが　その後に、自分で考えた　メロディを　つけて、ひいて　みせます。」

モーツァルトは　ふりむいて、紙に　音ぷを少しだけ　書きました。すると　ベートーベンのピアノが　走りだしました。ポロン、ポロロン。頭に　えがいた　曲を　その場で　ひいて　みせる、「そっきょうえんそう」でした。モーツァルトはおどろいて、会場の　みんなに　言いました。

「すばらしい。この　子は　しょうらい、きっと
りっぱな　音楽家に　なるに　ちがいない。」

モーツァルトの　言葉通り、ベートーベンの人気は、高まって　いきました。まずしい　生活からもなんとか　ぬけだし、音楽家としての　道もひらきはじめたかに　みえました。

ところが　その　先に、大きな　大きな　運命が、まって　いたのです。耳の　病気でした。

「おかしいぞ。耳の　中で　ジージー　音が　する。」

気づいたのは、二十七才の　ときでした。ピアノを　強く　たたいても、音が　大きく聞こえません。病気は　日に日に　ひどく　なり、

自分の　声も、大声を　出さなければ　聞きとれない
ほどに　なって　しまったのです。
「音楽家に　とって、耳は　いのちなのに……。」
心の　中は、まっくらに　なって　いきました。
「これでは　もう、ピアノが
ひけない。曲が　作れない。
そんな　音楽家なんて、
生きて　いる　いみが
ないじゃ　ないか。
ええい、しんで　しまえ。」

何もかもが　いやに　なり、ベートーベンは三十二才で　ついに、家族に　あてた　最後の手紙を　書きはじめたのです。

（だれもが　聞こえる　音を、自分一人だけ聞けない　くるしみが、わかるだろうか……。）

文を　つづりながら、ベートーベンは　ひたすらに、自分の　心と　むきあいました。

（ぼくを　今まで　ささえたのは、音楽だった。）

こうして　書きすすめるうちに、ふしぎと　新たな気もちが　わきあがるのを　かんじたのです。

「そうだ。大切な 音楽を すてて、ぼくは しねない。
心の 中から、音が きえた わけじゃ ないんだ。
小さい ころ 聞いた 川の せせらぎ、鳥の
さえずり……、なつかしい 音が、心に まだ
のこって いるじゃ ないか！ それを 曲に
しよう。」

音楽家の、　新たな
ちょうせんでした。
耳が　聞こえなくても
生きる　ゆう気を
もって、　音楽を
作りつづけようと
きめた　ベートーベンは、
その後、　はく力　あふれる
曲を　どんどん
生みだして　いきました。

後に　フランスの　皇帝に　なる　ナポレオンを
イメージした、『英雄』。「どんなに　つらくても
自分の　運命を　切りひらいて　いこう」との
思いから　生まれた、『運命』。そして、
「よろこびの　歌」で　知られる　『交響曲第九番』。
この　曲は、人びとの　平和を　ねがって　作られた
ものです。毎年　十二月に　なると、町の
あちこちから　ながれて　くる　名曲です。
「なやみを　のりこえて、よろこびを　つかめ。」
ベートーベンは、五十七才で　なくなるまでに、

二百曲もの　作品を
生みだしました。
かれが、ぜつぼうの
ふちで　見つけた
「よろこびの　音色」は、今も
せかい中に　歌いつがれて　います。

ルートビッヒ・バン・ベートーベン
（一七七〇〜一八二七年）

大ぜいの　人が　参加した　そうしき

　ベートーベンが　なくなると、その　しを　かなしみ、大ぜいの　人が、おそうしきに　かけつけました。おはかまで　つきそう　人が、三万人も　いたと　いう　ことです。あまりの　人の　多さに、人びとを　せいりする　ため　軍隊が　かり出されました。
　また、その　日は、小学校が　休校に　なったと　いいます。王さまが　なくなった　ときでも、こんな　さわぎには　ならなかったそうです。

病気や　けがを
しらべる　X線を
発見した

レントゲン

文・こざき　ゆう
絵・ユータ

あなたは、自分の　ほねを、見た　ことが　ありますか？　そんな　ことを　聞かれたら、びっくりしますよね。

でも　「レントゲンしゃしん」でなら、見た　ことの　ある　人も　多いのでは　ないでしょうか。そう、けがを　した　ときや、虫歯の　ちりょうを　うける　ときに　とる、あの　しゃしんです。じつは　この　「レントゲンしゃしん」の　「レントゲン」は、もともとは　人の　名前なのです。

ほねや、内ぞうの　ようすが　わかる、ふしぎな

「レントゲンしゃしん」の ひみつは、ウィルヘルム・
レントゲンが 発見しました。
レントゲンは、ドイツに 生まれ、
オランダで そだちました。
高校生の ころ、友だちが
先生の に顔絵を、ふざけて
かいていました。
レントゲンたちは、絵を 見て
大わらい。ところが、先生は
絵を 見て おこりました。

「だれだ、わたしを　ばかにする　絵を　かいたのは。きみか！」

「ちがいます。でも、かいた　人の　名前は　言えません。」

レントゲンは、つげ口は　よく　ないと　思い、名前を　言いませんでした。先生は、言う　ことを　聞かない　レントゲンが　ゆるせません。そして、学校を　やめさせて　しまったのです。

それでも、レントゲンは　一生けんめい　勉強して、大学に　入学しました。大学では、科学に　きょうみを

もち、こう　思うように
なりました。
「ぼくは、科学者に　なるぞ！」
レントゲンは、物理学を
教えて　くれた　先生の
助手に　なり、科学者の
道を　歩みはじめました。
そして、物理学の
けんきゅうを　つづけて、
大学の　先生に　なったのです。

ある日——レントゲンは、
ほう電かんと　いう　ガラスの
かんに　電気を　ながす
じっけんを　していました。
じっけんそうちを　黒い
紙で　おおい、へやの　電気を
けすと……、はなれた
ところに　おいて　あった
けい光ばんが、光って　いる
ことに　気が　つきました。

「おかしいな。けい光ばんが　光って　いる。
じっけんそうちから、光が　もれたのかな。」
でも、よく　見ても、じっけんそうちは、黒い　紙で
かんぜんに　ふさいで　ありました。
「目には　見えない　『何か』が、紙を　通りぬけて、
けい光ばんを　光らせて　いるのかも……。」
どうやら、目には　見えない　『何か』は、ものを
通りぬけるようです。それを　たしかめる　ために
じっけんそうちと　けい光ばんの　間に、いろいろな
ものを　おいて　みることに　しました。

この『何か』が、ものを通りぬけると、けい光ばんに光が　うつります。ぎゃくに　通りぬけないと、けい光ばんに　もののかげが　うつります。
木や　あつい　本、ゴムのかたまり。これらは、けい光ばんに　光がうつるので、『何か』が

通りぬけるようです。
ところが、なまりを　おくと、
けい光ばんに　なまりの　かげが
うつりました。
「なまりは、『何か』を
通さないのか……ん。
こ、これは。」
そのとき、レントゲンは、
おどろきました。
「ほ、ほねが　うつっている。」

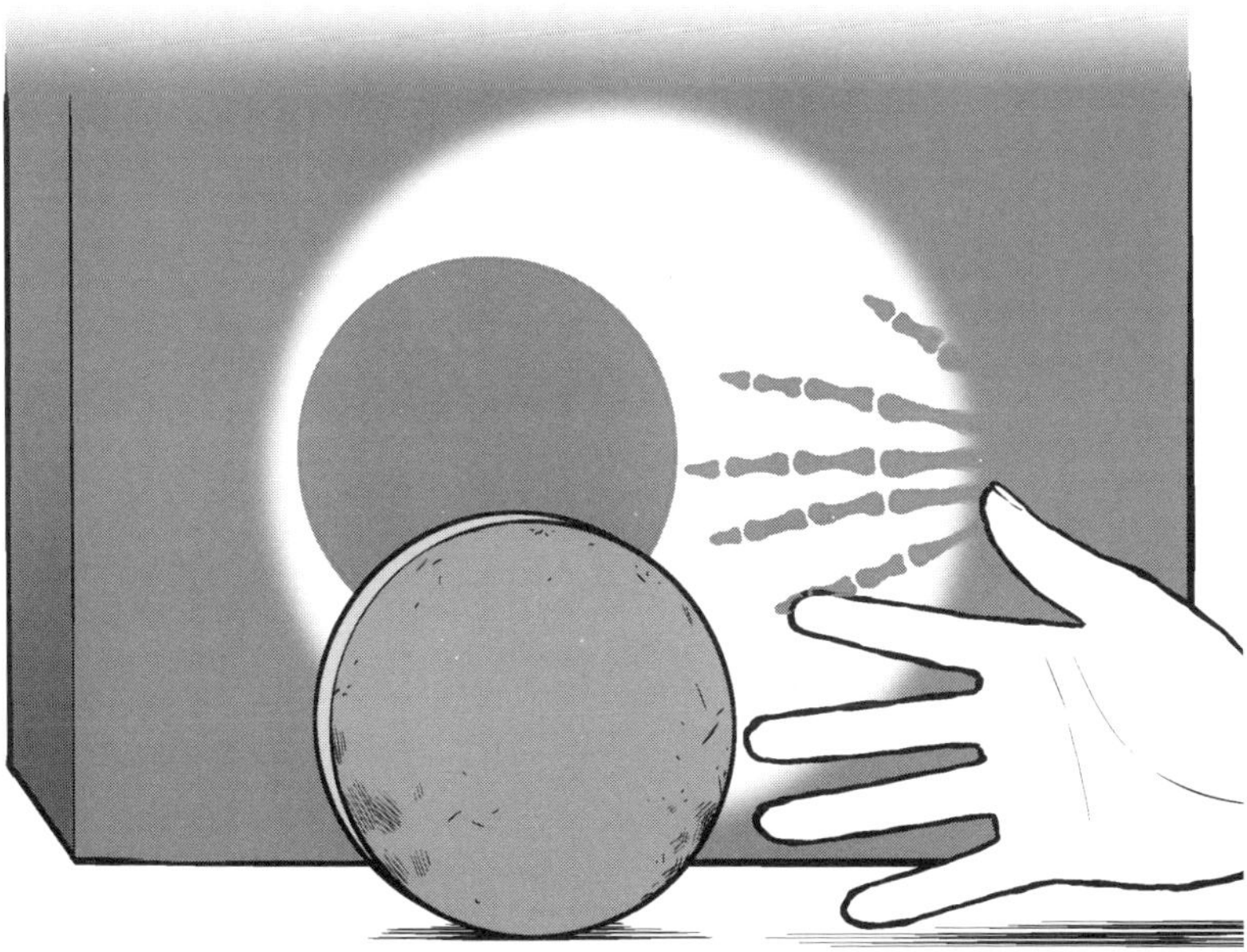

なまりと　いっしょに　手の　ほねが、けい光ばんにうつったのです！

『何か』は、ひふや　きん肉を　通りぬけ、ほねは通りぬけなかったため　ほねの　形が、かげと　なってうつって　いたのです。

レントゲンは、この『何か』を「X線」と　名づけ、はっぴょうしました。

「X」と　いうのは、正体の　わからない　ものをさす　いみで　つかわれる　言葉です。X線は　じつは、目には　見えない　とくべつな　光だったのです。

この　光の　発見は、せかい中を
おどろかせました。Ｘ線で　とる
レントゲンしゃしんは、体の　中の
病気や、おれた　ほねなどを、
しらべる　ことが　できるのです。
レントゲンは　Ｘ線の
発見に　よって、さいしょの
ノーベル賞を　じゅしょうしました。
でも、Ｘ線で　お金もうけを
しようとは　思いませんでした。

「わたしは、X線が　せかいの　人びとの　ために
なるよう、自由に　つかえるように　したいのです。」
X線は、病気や　けがを　しらべる　ほかにも、
工場で　作った　きかいに　きずが　ないかを
見つけるのに　つかわれるなど、今も、いろいろな
ところで　役立って　います。

ウィルヘルム・コンラート・レントゲン
（一八四五～一九二三年）

せかいはつの　レントゲンしゃしん

レントゲンは、X線を　発見した
ことを　明らかに　する　ために
おくさんの　手の　レントゲン
しゃしんを　さつえいしました。
これが、せかいで　はじめての
レントゲンしゃしんです。自分の
ほねが　うつった　しゃしんを　見て
おくさんは　きみが　わるく　なり、
「自分の　いのちは　もう少ししか
のこっていないに　ちがいない。」と
思った　そうです。

自然を　あいし、
「動物記」を
書いた

シートン

文・こざき ゆう
絵・鳥飼規世

アーネスト・トンプソン・シートンは、
イギリスの　みなと町に　生まれました。
赤んぼうの　ころから、
あきれるほどの　どうぶつずき。
どんなに　大なきしても、
ヒヨコを　見せれば　なきやんで、
ごきげんに　なって　しまうほどでした。
シートンが　六才の　ころ、一家は
カナダへ　引っこすことに　なりました。
そこは、自然ゆたかな　森が　広がる　土地でした。

「きっと、知らない
生きものが　たくさん
いるんだろうな。」
そう　思うと、
わくわくして　きました。
大自然での　くらしで、
シートンは、たくさんの
どうぶつたちに　出会いました。
そして、思いがけない　体けんを、
たくさん　したのです。

たとえば、こんな　ことが　ありました。
ある日、シートンは　近所の　おじさんと　森の
中を　歩いて　いました。
すると、大きな　タカが、森の　上を　ぐるぐると
とび回って　いる　ことに　気が　つきました。
「きっと、近くに　ヒナ鳥が　いるんだ。それを
タカは　ねらって　いるんだろう。」
と　おじさんは　言いました。
「え、それじゃ　ヒナが　食べられちゃうよ。」
シートンが　心配を　した、そのときです。

スズメよりも　少し
大きいだけの　鳥が、
何ばいもの　大きさの　タカに
つっこんで　いったのです。
タカが　ねらって　いた
ヒナ鳥の　親でした。
その　鳥は、何度も　タカに
ぶつかって　いきました。
　そして、きずつきながらも、
ついに　おいはらったのです。

「あの　鳥は、キングバードと　いうんだよ。」
「子どもの　ために、いのちがけで
たたかったんだね。」
キングバードの、子を　まもろうと　する　気もちと
ゆう気に、シートンは　心を　うたれました。
そして、
「ぼくは　もっと　もっと、
どうぶつの　ことが　知りたい。」
ますます　どうぶつの　かんさつが、
楽しい　ものに　なりました。

やがて シートンは、どうぶつの 絵が とくいな 画家と して、有名に なりました。また、アメリカに わたり、どうぶつ学者と して 活やくしました。

シートンは、大人に なっても、どうぶつたちの ゆう気や あいじょう、知えには、ずっと かんどうさせられました。

中でも　シートンが、三か月以上も
知えくらべを　して　つかまえた、オオカミの　ことは、
わすれられない　思い出と　なりました。
アメリカの　コランポー平原の　ぼく場では、ロボと
いう　たいへん　かしこい　オオカミに　よって、
たくさんの　牛が　ころされて　いました。ロボは
強い　オオカミたちを　ひきいて　いた　ことから、
『オオカミ王』と　よばれて　いました。
「シートン先生、ロボを　つかまえられませんか。」
「わかりました。やって　みましょう。」

シートンは　まず、
どく入りの　エサや、　わなを
しかけました。しかし、
用心ぶかい　ロボは、　どくや
人間の　においを　かんじて、
引っかかりません。
それどころか、
あざわらうかのように、
わなの　上に　フンを
して　いきました。

「ロボめ、なんて　知えの　はたらく
オオカミなのだろう。」

こまった　シートンは、作せんを　かえました。
ロボを　つかまえられないなら、おっちょこちょいな
ブランカと　いう、ロボの　おくさんを　わなに
かけることに　したのです。

そして、ブランカを　つかまえると、その　においを
つけた　わなを、あちこちに　しかけました。

よく日、ついに　ロボが　わなに　かかりました！
ロボは　あいする　ブランカを　ひっしに　さがし回る

あまり、いつもなら
引(ひ)っかからないはずの
わなに、はまったのです。
とらえられた　ロボは、
シートンも　感心(かんしん)するほど、
どうどうと　していました。
やがて　コランポーの　平原(へいげん)を
見(み)つめたまま　しずかに
しんでいきました。
シートンは　思(おも)いました……。

「オオカミの　い大な　王よ、　ぼくは
きみの　知え、ほこりの　高さ、
そして　つまを　大切に　する
すがたを　わすれない。」
そして　かなしく　なりました。

ロボたち　オオカミは　どうして　家ちくを
おそうように　なったのでしょう。
それは、人間が　オオカミたちの　すみ家だった
自然を　こわし、ロボたちの　えものの　どうぶつが
どんどん　へって　いったからです。オオカミが

すべて　わるいとは　いえないのです。そのことを
たくさんの　人に　知って　ほしいと　思いました。
そして、シートンは　ロボの　ことを
『コランポーの　王者ロボ（オオカミ王ロボ）』と
いう　物語と　して、発表しました。
この　作品は　ひょうばんに　なりました。
それから、シートンは、どうぶつの
物語を　たくさん　書きました。
日本では、『シートン動物記』と
いわれ　したしまれています。

これらの　物語は、たくさんの　人の　心を
うごかしました。
「野生どうぶつを　まもろう」と　いう　考えが、
せかい中に　広がったのです。そして　今も、
どうぶつや　自然を　あいする　人びとを　そだてて
いるのです。

アーネスト・トンプソン・シートン
（一八六〇～一九四六年）

自分で　図かんを　作った

　シートンは　子どもの　ころ
こつこつと　お金を　ためて、『カナダの
鳥類』と　いう　図かんを　買いました。
図かんを　見ながら　鳥を　かんさつ
する　うちに、いくつも　まちがいが
ある　ことが　わかりました。
　そこで、シートンは、自分で　正しい
図かんを　作ろうと　思いました。
　そして、さし絵と　文しょうを
正しく　かきなおし、色も　ぬって
自分だけの　図かんを　作ったのでした。

いろいろな
顔(かお)を　もつ
万能(ばんのう)の　天才(てんさい)

レオナルド・ダ・ヴィンチ

文・沢辺有司
絵・ひらのてつお

イタリアと いう 国に ある ヴィンチ村は、
オリーブや ブドウの 木が 一面に 広がる、
のどかな 農村です。
『モナ・リザ』の 絵などで 有名な レオナルド・ダ・
ヴィンチは、今から およそ 五百五十年
以上前に、この 村で 生まれました。

　レオナルドは、しょくぶつや
こん虫、小鳥や どうぶつなど、
自然や 生き物を 見て いるのが
すきで、見た ものを

すぐに　絵に　かきました。
レオナルドの　絵は、花も
どうぶつも　こん虫も、
どれも　本物そっくりです。
（この　子には　絵の
才のうが　ある――。）
そう　思った　お父さんは、
レオナルドの　絵を　もって、
ベロッキオと　いう　有名な
げいじゅつ家を　たずねました。

すると　ベロッキオは、絵を　見て　言いました。
「この　少年を、すぐに　わたくしの　ところに
よこしなさい。」
こうして　レオナルドは、十四才で、ベロッキオの
弟子と　なりました。
ベロッキオの　しごとを　手つだいながら、絵や
ちょうこくを　学ぶ　ことに　なったのです。
そして、二十才に　なった　ころの　こと。
ベロッキオは、レオナルドの　しごとぶりに
感心して　つげました。

「もう、おまえに　教える　ことは
何も　ない。」
「何を　言うのです、先生。
ぼくは　まだ……。」
「おまえは　天才だ。ここを　出て、
自分の　しごとを　しなさい。」
ベロッキオの　もとを　はなれた
レオナルドは、ミラノと　いう　大きな
町に　行きました。そこで、絵や
ちょうこくを　作って　ひょうばんに　なりました。

ある日、ミラノの　町を
おさめる　大公と　いう　えらい
人から、しゅうどういんの
食どうの　かべに、絵を
かくように　たのまれました。
キリストと　十二人の　弟子が
最後の　食事を　する『最後の
ばんさん』と　いう　場面です。
　食事を　する　ようすを
うまく　かくために、レオナルドは

レストランに　行きました。

　そして、おさけを　のんだり、食べたり　する　人たちの中から、モデルに　なる　人をさがして、スケッチしました。

　それから、かべの　前に　立ちました。たて四メートル、よこ九メートルと　いう、とても　大きな　かべです。

　レオナルドは、じっと　かべを　見つめました。つぎの日も、その　つぎの日も、じっと　かべを見つめました。

すると、
「少しも　絵が　すすまないでは　ないか！」
しびれを　切らした　しゅうどういん長が
どなりました。
大公さまも、レオナルドに　たずねました。
「なぜ　ふでを　うごかさないのか？」
「頭の　中で　絵を　えがいて　いるのです。」
レオナルドは、人物や　テーブルの　上の
食べ物など、どこに　何を　かくのかを
イメージして　いたのです。

絵の　イメージが
正かくに　できるまで、
ふでを　うごかす　ことは
ありませんでした。
さて、いよいよ　絵を
かきはじめます。
今度は、しゅうどういん長が、
しかし
「ここは　こう　しなさい。」
と、かってな　ちゅうもんを　つけて　きます。
これには　レオナルドも、いらいらさせられました。

そんな　ことが　何度も　ありましたが、
レオナルドは、自分が　えがきたい　ものを
えがこうと　がんばりました。
それから　三年――。絵は　ようやく
かんせいしました。
それは、すばらしい　できばえでした。
一人ひとりの　人物が、今にも　うごき出しそうな
ほどです。
この　絵は、今では、せかい中の　人びとに
あいされる　名画と　なって　います。

レオナルドは　すぐれた　げいじゅつ家でしたが、じつは、べつの　顔も　もって　いました。発明家であり、科学者でも　あったのです。

「空を　とびたい。」と　思うと、ヘリコプターやパラシュートのような　ものを　考えました。

「水の　中を　自由に　うごきたい。」と　思うと、うきわや　せん水かんのような　ものを　考えました。

「太陽の　ねつを　何かに　つかいたい。」と　思うと、太陽エネルギーで　水を　あたためる　仕組みを考えました。

それらの　発明で、じっけんできた
ものは　あまり　ありませんでしたが、
その　アイデアが　かかれた
絵は　のこされて　いて、今でも
人びとを　おどろかせて　います。
また、「人の　体の　中は　どう
なって　いるのだろう。」と　思うと、
とくべつに　ゆるしを　もらい　死体を
かいぼうして、いのちの　ひみつを
さぐる　ことも　ありました。

絵を　かく　ほかに、きょうみの　ある　ことには
何でも　チャレンジした　レオナルド。
たくさん　勉強し、いろいろな　才能を　もって
いた　ことから、レオナルドは、「万能の　天才」と
よばれて　います。

レオナルド・ダ・ヴィンチ
（一四五二〜一五一九年）

文字を　うらがえしに　書いた　人

ダ・ヴィンチは、何でも　メモを　する　人でした。いつも　メモちょうを　もち歩き、ぜったいに　手ばなさなかった　そうです。一生の　間に　書いた　メモは、なんと　五万ページ。

それらの　メモの　文字は、すべて「鏡文字（うらがえしに　なって　いて、鏡に　うつすと　きちんと　した　文字に　なる）」と　いう　文字で、右から　左へと　書きました。ダ・ヴィンチは、左ききだったと　いわれて　います。

自分を　しんじて
新しい　大陸に
たどりついた

コロンブス

文・沢辺有司
絵・堀口順一朗

今から　五百年も　前の　ことです。
ヨーロッパの　イタリアと　いう　国に、
コロンブスと　いう　名の　船のりが　いました。
かれには、大きな　ゆめが　ありました。
「目も　くらむような　黄金が　あると　いう、
『黄金の　国　ジパング（日本）』へ　行って、
黄金を　もちかえる――。」
と　いう　ものです。
ジパングは、アジアの　大陸の　東の　はしに
あり、ヨーロッパからは　とても　遠い　国でした。

ヨーロッパから　アジアへ
行くには、船のりは　だれもが、
アフリカの　大陸の　はしを
回って、それから『東』へ
すすんで　いました。でも
とても　遠まわりで、なかなか
アジアへ　たどりつく
ものは　いません。
　でも、コロンブスは
ちがいました。

「地球は　丸い。『西』へ　すすめば　アジアへ
行きつく。」
と　海の　地図（海図）や、星の　うごきなどを
勉強した　コロンブスは　考えました。

それは、だれも　思いつかないような　考えでした。
そのころは、西の　海に　行けば、あくまが　いると
しんじられて　いたくらいですから。

一四九二年、コロンブスは　サンタ・マリア号と
いう　船に　のり、ほかの　二そうの　船と　ともに、
海に　出ました。

船は、西へ　西へと　走ります。海の　地図にも
ない、だれも　知らない　海です。
来る　日も　来る　日も、青い　海に
青い　空。陸地は　見えません。
やがて、船で　はたらく
水夫たちは　みな、ふあんに
なって　きました。
「もう、みなとへ　帰りたい……。」
そんな　ある日の　こと、
船が　うごきを　止めました。

見ると、船の　まわりが、
たっぷりの　海草で
うめつくされて　います。
「海の　あくまだ！　船が
引きずりこまれるぞ！」
水夫たちは、海の　中から
あくまが　出て　くると
思って、大さわぎしました。
「航海を　やめて、船を
引きかえして　くれ！」

「あわてるな！　このまま
航海を　つづけて、名よと
黄金を　手に　入れるのだ！」
コロンブスは、水夫たちを
ひっしに　はげましました。
それから　また、船を
走らせました。でも、青い　海と　青い　空ばかり
です。やはり　陸地は　見えません。
水夫たちは　また　言いました。
「おねがいだ、船を　引きかえして　くれ！」

水夫たちは　ふあんで　たまりません。

「わかった。しかし、あと　三日だけ　まって　くれ。」

コロンブスも　かくごを　きめました。

（あと　三日の　うちに、
かならず　見つけて　みせる。）

すると、つぎの　日の
夜の　ことです。

前を　行く　船が、
大ほうの　音を
とどろかせました。

「陸地が　見えたぞ！」
夜空に　かん声が
ひびきわたりました。
身を　のり出した
コロンブスの　目にも、
はっきりと　見えました。
月の　光に　てらされた
山の　りんかくが――。
（わたしの　考えに、
あやまりは　なかった……。）

コロンブスは、むねを
ふるわせました。
海に　出て、ちょうど
七十日目の　ことでした。
そこは、アメリカと　いう
大陸の　そばに　ある　島でした。
コロンブスは、ゆう気を
もって　西に　すすんだ　ことで
ヨーロッパの　人たちが
知らなかった　新しい　大陸に　たどりついたのです。

ジパングから　黄金を　もちかえると　いう　ゆめは
かないませんでしたが、コロンブスは、ヨーロッパの
人たちに　とても　大きな　おどろきと　かんどうを
もたらしたのです。

クリストファー・コロンブス（一四五一～一五〇六年）

アメリカを　インドだと　かんちがい

コロンブスは、アジアに　行くために
インドを　めざして　航海を　しました。
ですから、はじめに　ついた　島にも、
西インド諸島と　名前を　つけ、
しぬまで　アメリカを　インドだと
思って　いました。

アメリカと　いう　名前は、後に、
ここが　ヨーロッパの　人たちの
知らない　大陸だと　気づいた
アメリゴ・ベスプッチと　いう　人の
名前に　ちなんで　つけられました。

楽(たの)しい　どう話(わ)を
たくさん　あつめた

グリム兄弟(きょうだい)

文・中原道夫
絵・石川えりこ

『白雪ひめ』、『ブレーメンの　音楽たい』など、おもしろい　お話が　たくさん　のって　いる『グリム童話集』。

この　本は、ドイツの　グリム兄弟が、むかしからつたわる　お話を　あつめて、まとめた　ものです。お兄さんの　ヤーコプ・グリムと　一つ　年下のウィルヘルム・グリム、この　二人を　グリム兄弟とよんで　います。

グリム兄弟は、二百三十年ほど　前、ドイツのハーナウと　いう　町で　生まれました。

二人が　まだ
子どもの　うちに、
お父さんが　なくなって、
家族は　たちまち
びんぼうに　なって
しまいました。

しかし、くるしい
生活の　中でも、ヤーコプと
ウィルヘルムは　よく
勉強しました。

そんな　二人を　見た　おばさん（お母さんのお姉さん）が、自分の　すむ　町に　よんで、高校や大学に　行かせて　くれました。二人は、たすけ合って　一生けんめい　勉強しました。お金が　ないので、本を　買う　ことも　できず、かりて　きた　本を　書きうつしたそうです。また、大学の　先生の　家に　行って、むかしの本を　たくさん　読ませて　もらいました。

そして　二人は、ドイツに　古くから　つたわるおとぎ話に、心を　ひかれるように　なりました。

このころ、おとぎ話(ばなし)は、 お母(かあ)さんが 子(こ)どもを
ねかせる ときに 話(はな)す ただの 作(つく)り話(ばなし)で、
それほど 大切(たいせつ)な ものだとは 思(おも)われて
いませんでした。

でも、グリム兄弟(きょうだい)は ちがいました。

「むかしから　話しつたえられて　きた　おとぎ話は、
みんなの　たからものだよ。おとぎ話には、子どもの
心を　そだてる　大切な　ものが、いっぱい
つまって　いるんだ。」
「おとぎ話が、わすれられて　きえて
しまわないように、あつめて　書いて　おこう。」
二人は、古くから　つたわる　話を、いろいろな
人に　聞いてまわる　ことに　しました。
そして、五年の　月日を　かけて、こつこつと
たくさんの　お話を　あつめたのです。

「いっぱい
あつまったぞ。よし、
これを　まとめて
本に　しよう。」
こうして『子どもと
家庭のための　童話』と
いう　本が　できあがりました。
ヤーコプが　二十七才、
ウィルヘルムが　二十六才の
ときの　ことです。

グリム兄弟は、本が　出た　後も、少しずつ
書きなおし、新しく　あつめた　お話も　くわえて
いきました。
「兄さん、子どもに　読みやすいように、やさしい
文に　かえたら　どうかな。」
「おとぎ話は、みんなの　たからものだろう。聞いた
話は、できるだけ　そのまま　書かなければ
ならないよ。」
「わかりやすく　するだけで、話を
作りかえたりは　しないから。」

「わかった。では、
ウィルヘルムに
まかせるよ。」
「ほかにも、かえたほうが
いい　ところは　ないかな。」
「あんまり　こわい　話は
けずって、おもしろい
話を　入れると　いうのは
どうだろう。」
などと、二人で　話し合いました。

「絵も、　入れたほうが
楽しいんじゃ　ないかな。」
「それなら、ルートウィヒに
たのもう。」
画家に　なった　いちばん
下の　弟、ルートウィヒが
かいた　さし絵も
のるように　なりました。
このように、兄弟が
力を　合わせて　『子どもと

家庭のための　童話』を　子どもから　大人まで　だれもが　楽しめる　本に　作りあげて　いきました。ウィルヘルムが　中心に　なって、何度も　何度も　書きなおしました。二人が　おとぎ話を　あつめはじめてから　五十年、さいごに　出した　本には、ぜんぶで　二百を　こえる　お話が　のって　います。

わすれられて　きえて　しまって　いたかも　しれない　おとぎ話は、グリム兄弟の　おかげで、みんなが　楽しめる　たからものに　なったのです。

『子どもと　家庭のための　童話』は、
『グリム童話集』と　いう　名前で　せかい中に
広まって　いきました。
そして、絵本や　おしばい、えい画など、いろいろな
形で　今も　たくさんの　人たちを　わくわく、
どきどきさせて　いるのです。

グリム兄弟
ヤーコプ・カール・グリム（兄）
（一七八五～一八六三年）
ウィルヘルム・カール・グリム（弟）
（一七八六～一八五九年）

ドイツ語の　じてんも　作った

グリム兄弟は、ドイツ語の　けんきゅうでも　たくさんの　すばらしい　しごとを　しました。
中でも　有名なのが　兄弟で　つくりはじめた　『ドイツ語じてん』です。

この　本は、二人が　生きて　いる　間には　かんせいしませんでした。すぐれた　学者たちが　本作りを　ひきつぎ、ぜんぶで　三十二かんの　じてんが　かんせいしたのは、兄弟が　しんで　百年近く　たってからでした。

日本の水(すい)ぼく画(が)をかんせいさせた

雪舟(せっしゅう)

文・鶴川たくじ
絵・水野ぷりん

みなさんは「水ぼく画」を　知って　いますか。すみだけで　けしきなどを　かく　絵で、むかし中国から　つたわりました。

雪舟は、五百年ほど　前に　活やくし、日本の水ぼく画を　かんせいさせた　画家です。また、おぼうさんでも　ありました。

子どもの　ころの　雪舟に　ついて、こんな　話が　あります。

十才で、生まれこきょうの　岡山の　お寺に　あずけられた　雪舟くん。絵を　かくのが　大すきで、

ちっとも　お寺の　しゅぎょうに　みが　入りません。
おきょうも　そうじも　とちゅうで　ほうり出しては、
絵ばかり　かいて
います。
おしょうさんが
何度　しかっても、
ききめが　ありません。
ある日、ついに
おしょうさんの
いかりが　ばくはつ。

「この　手が　わるいのだな。ならば、こうして
くれる。わしが　ゆるすまで　ここで
はんせいしなさい。」
雪舟を　本どうの　はしらに　しばりつけて
しまいました。うすぐらい　本どうに　一人
とりのこされた　雪舟は、心細くて　たまりません。
なみだが　あふれて、ぽたぽたと　ゆかに　おちました。
「そろそろ　ゆるして　やると　するか。」
しばらくして　おしょうさんが　本どうに
もどると……。

「ややっ、ねずみ！」
雪舟の　足もとに　一ぴきの　大きな
ねずみが　いるでは　ありませんか。

「しっ、しっ！　あっちへ　行け！」
ところが、この　ねずみは、おいはらっても
まったく　うごかないのです。
「おや、こ、これは……。」
おしょうさんが　生きた
ねずみだと　思ったのは、
じつは　絵に　かいた
ねずみ。しかも、
雪舟が、ゆかに
おちた　自分の

なみだを、足の ゆびで なぞって かいた
ものだったのです。
「そうか、お前は そんなに 絵が すきなのか。
それに しても、みごとな できばえだ。」
その日から、おしょうさんは 雪舟が 絵を
かいても しからなく なりました。
さて、岡山の お寺で 数年間を すごした後、
雪舟は、京都の お寺に うつりました。みやこで、
おぼうさんの しゅぎょうを しながら、絵の 勉強を
するためです。

京都の　お寺には、すぐれた
水ぼく画を　かく　先ぱいの
おぼうさんが　いました。また
中国から　とりよせた　水ぼく画が
たくさん　ありました。
　雪舟は、先ぱいに　水ぼく画の
かき方を　教わり、本場の　絵を
手本に　れんしゅうを　つんで、
やがて　一人前の　画家に　なりました。
けれども、まん足できませんでした。

（自分の　絵には　何かが　足りない。）
なやんだすえ　考えついたのが、本場の
中国に　行って、水ぼく画を　学ぶ　ことです。
聞けば、山口の　おとのさまが、中国と　商売を
するために　船を　出して　いると　いいます。
「その　船に　のせて　もらえたら……。」
三十四才の　雪舟は、山口に　むかいました。
中国行きの　チャンスは、十三年後に　ようやく
おとずれました。
雪舟を　のせた　船は　中国の　寧波の　みなとへ。

さらに　そこから　みやこの
北京まで、二か月かけて
うんがを　船で　上ります。
その　船から　見える
けしきの　すばらしい　こと！
そそり立つ　山やま。
ゆったりと　ながれる　川。
うつくしく　かがやく　みずうみ……。
日本では　見られない　ゆう大な
けしきの　れんぞくでした。

その　一つひとつを、　雪舟は　目に
やきつけ、ていねいに　スケッチしました。
北京では、たのまれて、やくしょの
かべに　絵を　かきました。すると、
「本当に　日本人が　かいたのか。
わが　国にも、これほどの　うで前の
もちぬしは　少ないだろう。」
と、中国の　人びとに　おどろかれました。
絵の　かき方に　ついては、雪舟は、もう
だれからも　学ぶ　ことは　なかったのです。

雪舟に　とって、何よりの　先生は、うんがの
船たびの　行き帰りに　見た、中国の　大自然でした。
日本に　帰って　きた　雪舟は、中国で　見て　きた
ものを　ありのままには　えがきませんでした。
（中国の　けしきを　そのまま　かいたのでは
だめだ。日本人の　わたしで　なければ　かけない、
日本人が　心から　よいと　思う　水ぼく画を
かかなければ。しかし、それは　どういう　もの
なのか……。）
雪舟は、その　答えを、日本中を　たびして　絵を

かく　うちに　見つけました。
本当に　ある　けしきを
かくのでは　なく、考えて
考えて「こんな　けしきが
あったら　いいな。」と　思う
けしきを　かいたのです。
　すると　その　絵は、
日本人なら　だれでも、ながめて
安心するような、すばらしい
水ぼく画に　なりました。

こうして　雪舟は、中国の　水ぼく画の　まねでは
ない「日本の　水ぼく画」を　かんせいさせたのでした。
それでも　雪舟は　まん足する　ことなく、
八十六才で　なくなるまで、一生　絵の　しゅぎょうを
つづけたと　いう　ことです。

雪舟
（一四二〇〜一五〇六年）

おぼうさんと　しても　すばらしかった

中国に　行った　雪舟は、絵の
しゅぎょうだけで　なく　おぼうさんの
しゅぎょうも　がんばりました。
天童山景徳寺で、『四明天童一座』と
いう　名前を　もらいました。

これは、天童山景徳寺で
しゅぎょうした　人の　中で、もっとも
よい　せいせきだったと　いう　いみ
です。雪舟は　よろこんで、日本に
帰ってからも、自分の　絵に　この
名前を　かき入れました。

日本の
しょくぶつ図かんの
もとを　つくった

牧野 富太郎

文・星　明子
絵・山本祐司

「わあ、かわいい　花だなあ。」
やせっぽちの　子どもが　がさがさと
草むらに　入って　いきます。草を
かき分けて、しゃがみ、じいっと
お目当ての　花を　見はじめました。
（名前は　何と　いうのかな。）
（はっぱの　形も　おもしろいなあ。
あれ、にたようなのを、前にも
見た　ことが　あるぞ。）
（いいや、あれは、もう　少し　細長かった…、かな。）

近づいて　みたり、ちょっと　はなれて、まわりの草や　木にも　さわって　みたり。花や　木を　見ていれば、一人で　野山に　いても、ちっとも　さびしくありません。それどころか、わくわくして　きます。

牧野富太郎は、小さい　ときから　なぜかしょくぶつが　大すきな　子でした。

富太郎は、今から　百五十年ほど　前に、高知県の酒屋さんの　家に　生まれました。家は　たいへんなお金もちでしたが、富太郎が　小さい　うちに、お父さんと　お母さんが　なくなって　しまいました。

そこで、富太郎は、おばあさんに　そだてられました。

おばあさんは　きびしい　人でしたが、富太郎が大すきな　しょくぶつを　見ている　ときには、うるさい　ことを　言いませんでした。

九才に　なると、学校に　通いはじめました。勉強は　ずばぬけて　よく　できました。後に、富太郎は　「しょくぶつの　けんきゅうをするならば、広く　いろいろな　学問を　学ばなくてはいけない。」と、言って　います。

しょくぶつずきは、かわりません。学校では　かべに

かけて ある 草や 木の せつ明図に うっとりと 見とれて しまいます。家では、おばあさんが 買って くれた しょくぶつの 本が たからもの。図を 見たり、うつしたり して いると、時間が たつのも わすれて しまいます。山に 出かけ めずらしい 草花を あつめては、本で しらべたり、まわりの 人に 名前を 聞いたり するのです。

「それは、うちの　いなかでは、ビルムシロと
いいますよ。」
「本には　ヒルムシロと　出て　いるよ。場所に
よって、言い方が　ちがうのか。ふうん、
おもしろいなあ。」
やがて、大きく　なった　富太郎は、東京で
しょくぶつの　けんきゅうを　して　いる　先生たちに
会いました。先生たちは、いなかから　出て　きた
富太郎が、たくさんの　しょくぶつを　自分で
あつめて　いる　ことに　おどろきました。そして、

「牧野（まきの）さん、いっしょに
日本の　しょくぶつの
ことを　しらべましょう。」
と　はげましてくれました。
そのころ、日本の
しょくぶつの　けんきゅうは、
外国（がいこく）と　くらべて　おくれて
いました。日本に　どんな
しょくぶつが　あるのか、まだ
しらべきれて　いませんでした。

そのため、日本の　中で　新しい　しょくぶつが
見つかっても、わざわざ　外国に　おくって　名前を
つけて　もらって　いたのです。
また、しょくぶつを　しゅるいごとに　分けて
のせる、今のような　図かんも　ありませんでした。
そこで、富太郎は、
「それなら　ぼくが、日本中の　しょくぶつを
しらべつくす。そして、いつか　自分の　手で、
わかりやすい　図かんを　作るんだ。」
と、決心しました。

富太郎は　東京の　大学で
けんきゅうを　はじめました。
日本全国に　出かけ、
いろいろな　しょくぶつを
あつめて　しらべました。
草花を　とって　くると、
「しおれさせては　いけない。」と、
どんなに　つかれて　いても、
その日の　うちに　ひょう本に　する
じゅんびを　します。

「どう　やったら　この　草の
うつくしさが　よく
わかってもらえるかな。」と、
考えながら　夜中まで　ひょう本を
作りつづけます。いったん
はじめて　しまえば、つかれも
ふきとんで　しまうのでした。
　でき上がった　ひょう本は
けんきゅうの　けっかと　して
すばらしい　だけで　なく、

かざって　おきたく　なるような
うつくしい　ものでした。
一生の　うちに、四十万まいもの
ひょう本を　作りました。
ひょう本だけでは　ありません。
富太郎の　しょくぶつの　図は、
「かみわざ」（かみさまが
えがいた　ような）と　言われる　ほど
すばらしい　ものでした。細かい　ところまで
ていねいに　かいて　あります。

わかりやすいだけで　なく、花や　は、くきなどの
うつくしさや　いのちの　ふしぎさ、富太郎の
しょくぶつを　あいする　気もちまで　よく
つたわって　きます。

富太郎は　日本人と　して　はじめての　ことにも
とりくみました。新しく　見つけた　しょくぶつに、
「ヤマトグサ」や　「ムジナモ」などの　名前を
自分で　つけたのです。一生の　うちに、
千五百しゅるいを　こえる　名前を　つけました。
中には、「ワルナスビ」……野さいの　ナスに

そっくりだが　ナスでは　なく　ざっ草。
「ノボロギク」……野原に　生えて　いる
ぼろぼろに　見える　キクなど、
とくちょうや　すがたが　ずばりと　わかる
おもしろい　ものが　あります。
　富太郎は、けんきゅうを
つづけながら、本を　たくさん
かきました。そして、ついに
七十八才で『牧野日本植物図鑑』を
作りあげました。

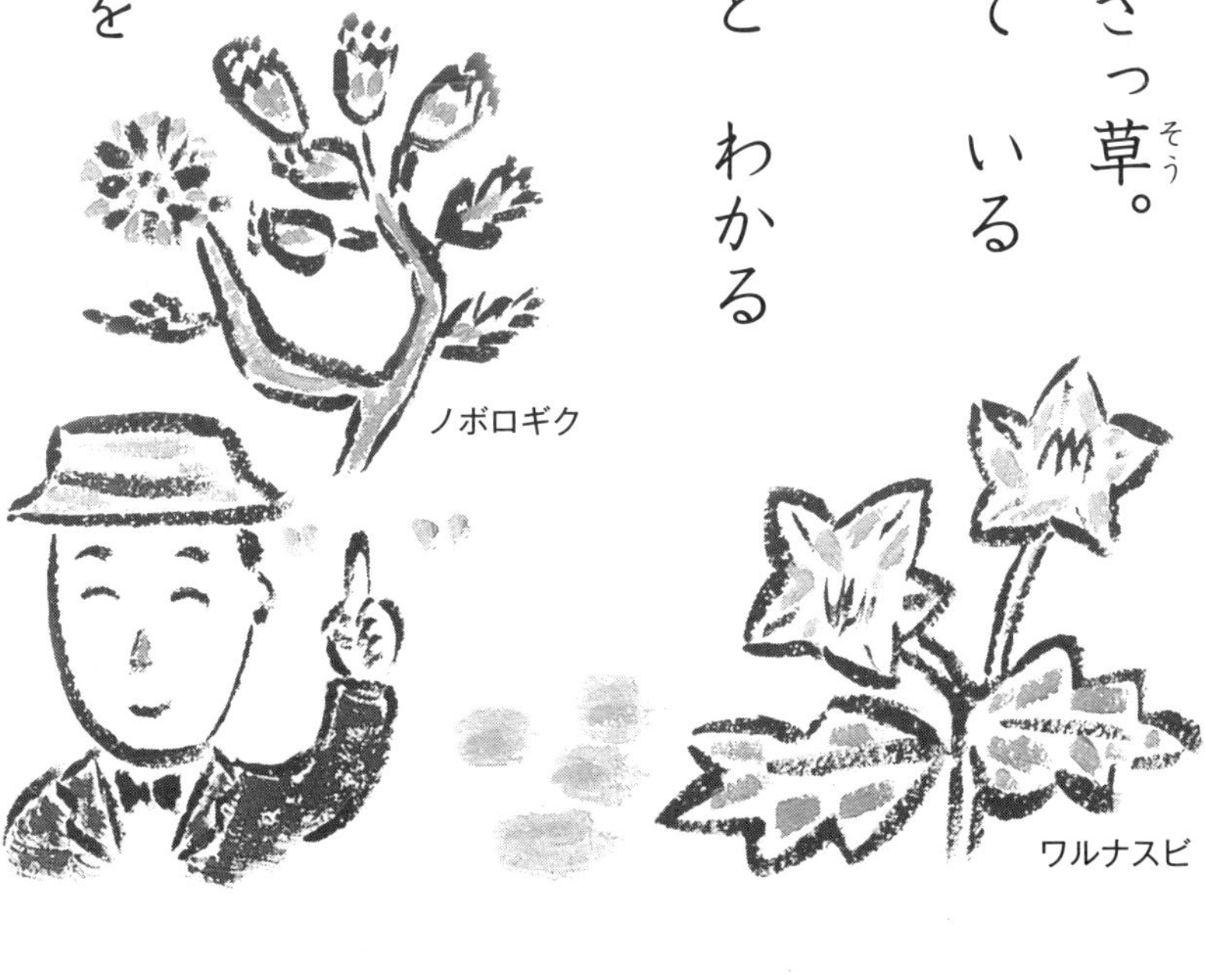

これは、十年間も　かけて　作った　富太郎の代表作です。日本の　しょくぶつ図かんの　もとと　なる　一さつで、今でも　つかわれて　います。

牧野富太郎
（一八六二～一九五七年）

おしゃれな　しょくぶつはかせ

富太郎が　山に　しょくぶつを　とりに　いく　ときは、いつも　スーツに　ちょうネクタイを　して　いたそうです。山歩きを　するのに、どうして　そんな　きれいな　かっこうを　して　いくのでしょう。

富太郎に　とっては、すきな　人に　会うために　おしゃれを　するのと　同じ　ことでした。大すきな　しょくぶつに　会う　れいぎと　して、おしゃれを　して　いたのです。

大発明（だいはつめい）！
インスタント
ラーメン

安藤（あんどう） 百福（ももふく）

文・鶴川たくじ
絵・中村頼子

インスタントラーメンを　発明した　安藤百福は、
今から　百年ほど　前に　台湾で　生まれました。
お父さんも　お母さんも　おさない　ころに
なくなって　しまったので、おじいさんの　家で
そだてられました。

おじいさんは、百福を
たいへん　きびしく
そだてました。まだ
小さい　ころから、
そうじに　すいじと、

家の　中の　しごとを
何でも　言いつけたのです。
おかげで　百福は、
小学校高学年の　ころには、
みの回りの　ことは、
何でも　自分で
できるように　なりました。
また、何かを　する　とき、
人にたよらず、自分で
考える　くせも　つきました。

大人(おとな)に　なると、百福(ももふく)は　大阪(おおさか)に　出(で)て、
いろいろな　商売(しょうばい)に　チャレンジしました。どれも
せいこうを　おさめ、ざいさんも　きずきました。
ところが、四十七才(さい)の　ときでした。はじめて
しごとに　しっぱいして、ざいさんを　ぜんぶ
なくして　しまったのです。のこったのは
家(いえ)だけでした。

「さて、これから　どんな　商売(しょうばい)を　して　くらして
いこうか……。」

そのとき、百福(ももふく)の　頭(あたま)に　うかんだのは、十年前(ねんまえ)に

見た　ある　光景でした。
日本が　せんそうに
まけて　間もない
ころです。はげしい
ばくげきを　うけた
大阪は、やけ野原。
そこに　出て　いた
ラーメンの　屋台に、
人びとが　長い　れつを
作って　いたのでした。

「あのころは　みんな　まずしくて、うえて　いた。
でも、一ぱいの　ラーメンが、元気の　もとに
なったんだ。そうだ！　ラーメンを　作って
売ろう。それも、家庭で　いつでも　すぐに
食べられる、べんりな　ラーメンが　いいな。
たくさんの　人に　よろこばれるぞ。」

そう　きめると、すばらしい　アイデアが　わいて
きました。おゆを　そそぐだけで　できる　ラーメン。
しかも、買って　おいて　いつでも　食べられる、
長もちする　ラーメンを　作るのです。

ゼロからの　スタートなので、もちろん
かんたんでは　ありません。家の　にわに　小屋を
たてて　けんきゅう室に　すると、
めん作り、スープ作り、
あじつけなどを、毎日
四時間しか　ねむらないで
けんきゅうしました。
最後まで　うまく
いかなかったのが、めんを
長もちさせる　かんそうの　やり方です。

しかし、ある日 おくさんが 天ぷらを あげて いるのを 見て、ひらめきました。

「これだ！ めんを あぶらで あげれば、しっかり かんそうして 長もちするはずだ。」

ためして みると、大せいこうでした。めんの かたまりを あぶらで あげると、水分が じょうはつして、しっかり かんそうしました。

そのとき、めんには、水分が じょうはつした あとの 小さな あなが、たくさん できました。

そして、あげた めんに おゆを そそぐと、

あなから　おゆが　しみこんで　いって　二、三分で
やわらかく　もどったのです。
「あじも　もんだいない。
おいしいぞ！」
こうして　一年後の
一九五八年に、せかいで
はじめての　インスタント
ラーメンが　かんせい。
『チキンラーメン』と
名づけられました。

おゆを　そそぐだけで　たった　二分で　できるチキンラーメンは、「まほうの　ラーメン」とよばれ、大ヒットしました。

すると、百福の　ゆめは　広がりました。

海外でも　売ろうと、チキンラーメンを　もってアメリカに　のりこんだのです。

ところが、アメリカ人は　どんぶりも　はしも知りません。なんと、チキンラーメンを　紙コップに入れて　作り、フォークで　食べたのです。

しかし、百福は　おどろいただけでは

ありませんでした。またまた
ひらめいたのです。
「これは　いける！
せかいで　売（う）れる
インスタントラーメンの
ヒントを　もらったぞ。」
そして　生（う）まれたのが、
せかいで　はじめての
カップめん、
『カップヌードル』でした。

カップヌードルが　新しくて
すぐれて　いたのは、一この
カップが、三つの　やくわりを
はたすことでした。
1．めんと　具を　つつむ
入れものの　やくわり。
2．おゆを　入れて　調理する
道具の　やくわり。
3．食器の　やくわり。
だから、なべも　どんぶりも

いらず、おゆさえあれば、
どこでも　手軽に
食べられるのです。
この上なく　べんりな
カップヌードルは、一九七一年に　発売されると、
たちまち　せかい中に　広まって　いきました。
二〇〇七年、安藤百福は　九十六才で
なくなりました。
そのとき、アメリカの『ニューヨーク・タイムズ』
という　新聞は、こんな　記事を　書きました。

《ミスター・ヌードルに　かんしゃ。インスタントラーメンは、おゆさえあれば、だれでも　神の　めぐみをうけられる。安藤は、人類の　進歩のれきしに、永遠に　その　名をのこすだろう。》

安藤百福
（一九一〇～二〇〇七年）

ゆめは　うちゅうへ

カップヌードルを　作り出した　後も、安藤百福の　ラーメンに　かけるゆめは　広がりました。

二〇〇一年には、うちゅうで食べられる　ラーメンの　けんきゅうをはじめました。

そして、二〇〇五年、うちゅうひこうしの　野口聡一さんが　のったスペースシャトルに　せかいはつのうちゅう食ラーメン『スペース・ラム』が　つみこまれました。

人気まんがを
生みだした
まんがの 神さま

手塚治虫

文・粟生こずえ
絵・手塚プロダクション

手塚治虫は、今から　八十年ほど　前、昭和の
はじめごろに　生まれました。
小さな　ころから　絵が　とくいで、にがお絵や、
まんがを　かいて　友だちを　楽しませて　いました。
また、虫が　大すきな　子どもでした。
こん虫さいしゅうや、虫の　ひょう本を　作るのも
とくいでした。
手塚治虫の　本当の　名前は、「手塚治」です。
小学五年生の　ときでした。
治は、こん虫図かんを　見て　いて　「オサムシ」と

いう 虫が 気に なって しかたが なくなりました。
ひょろ長い からだに まん丸の
目玉の オサムシは、自分に
にて いるように 思えたのです。
「そうだ、これから ぼくは、
オサムシと 名のろう。」
それから、治は 絵や
まんがを かく ときには
「手塚治虫」と
サインするように なったのです。

治虫は、
「しょう来は、まんが家か、こん虫の　学者に
なりたいな。」
と、考えて　いました。しかし、中学生の　とき、
その　考えが　かわる　じけんが　ありました。
りょううでに　ばいきんが　入り、
もう　少しで、りょううでを
切らなければ　ならないほど
わるく　なって　しまったのです。
治虫は　ずいぶん　長い　間、

びょういんに　通いました。
そのうちに、自分を　なおして
くれた　いしゃのように、
「人の　けがや　病気を　なおしたい。」
と　考えるように　なったのです。
そのころ、日本は　アメリカとの
せんそうの　まっただ中に　ありました。
治虫の　すんで　いた　大阪の　町にも、
毎日のように　ばくだんが　おとされました。
せんそうが　おわった　とき、治虫は　十七才でした。

たくさんの　人たちが　しんで　いくのを　間近に見た　治虫は、生きのびた　ことを　心からありがたいと　思いました。

「もう、せんそうは　おわったんだ。よの中を明るく　する、ゆめの　ある　おもしろいまんがを　かいて　いこう。」

いしゃに　なるための　勉強を　しながらも、治虫はまんがを　かきつづけて　いました。やっぱり、まんがを　かく　ことが　大すきだったからです。

治虫は　さっそく　まんがの　売りこみを　はじめ、

四コマまんがの　れんさいが　きまりました。
十七才の　学生まんが家の　たん生です。

そのうちに、長い　ストーリーまんがの　注文も
くるように　なりました。
治虫の　まんがを　読んだ　人は　みな、口ぐちに
言いました。
「こんな　まんがは　今までに　見た　ことが　ない。
スピードと　はく力が　あるね。」

治虫は、まんがと
同じくらい　えい画も
すきでした。
まるで　えい画を

見て いるような
うごきの ある
画面を、紙の 上に
かいて みせたのが
治虫の まんがの
新しさだったのです。
まんが家たちも
みんな 治虫の
まんがに おどろき、
お手本に しました。

売れっ子に　なったものの、治虫は
ひそかに　なやんで　いました。
「このまま　まんが家として
生活して　いけるのかな。
いしゃに　なるほうが
いいのだろうか。」
治虫の　そうだんを　うけた
お母さんは、すぐに　言いました。
「あなたは、まんが家と　いしゃの
しごとと、どっちが　すきなの？」

治虫には　すぐに　答えが　わかりました。
「ぼくは　まんが家に　なります。」
治虫は　東京に　行き、本かくてきに　まんが家として　道を　歩みはじめたのです。
治虫は　一生の　うちに　七百もの　作品をかきました。
『ジャングル大帝』の　主人公・レオは、まっ白なライオンです。アフリカを　ぶたいに、レオがどうぶつたちの　リーダーと　して　せい長するすがたが　えがかれます。

『ブラック・ジャック』は、
どんな 病気でも なおせる
おいしゃさんが 活やくする
お話です。治虫が いしゃの
勉強を した 知しきが
役に 立って います。
　いちばん 有名な 作品は
『鉄腕アトム』です。
ロボットで ありながら、
やさしい 心を もって

いて、ときには　しっぱいも
する　アトムは　人気者に
なりました。また、そうぞう
力ゆたかに　えがかれる
未来の　せかいの　ようすに、
みんなが　あこがれました。
つぎつぎに　人気まんがを
生みだした　治虫は、
「まんがの　神さま」と
よばれるように　なりました。

まんが家として　せいこうした
治虫は、「アニメを　作る」と　いう
ゆめにも　ちょうせんしました。
治虫は　ディズニーに　あこがれ、
『バンビ』と　いう　アニメえい画を、
八十回も　みて　けんきゅうしたそうです。
治虫は、自分の　家に　アニメの
スタジオ「虫プロダクション」を
作りました。日本で　さいしょの
テレビアニメ番組『鉄腕アトム』は、

ここから　生まれました。『鉄腕アトム』の　アニメが大ヒットしたため、虫プロダクションに　つづいて多くの　人が　アニメを　作るように　なりました。

六十才で　なくなるまで、治虫は　ひたすらまんがを　かきつづけました。自分の　すきなことに、まっすぐに　むかった　人生でした。

手塚治虫
（一九二八〜一九八九年）

売れっ子　まんが家

手塚治虫は、売れっ子の　まんが家になって、何本も　まんがを　たのまれるように　なり、いそがしく　なりました。そのため、なかなか　まんがができないので、まんがのへんしゅうたんとうしゃから、「手塚おそ虫（原こうが　おくれる）」とか、「手塚うそ虫（しめきり通りにかきますと　やくそくして、ちっともまもらない）」などの　あだ名をつけられて　いた　そうです。

おうちの方へ

関西大学初等部・中高等部 学校図書館教育主任　塩谷　京子

読書は自転車乗りに似ています。

もちろん、自転車に乗れなくても暮らしていくことはできますが、乗れるようになった後で感じる便利さは言い尽くせません。また、自転車に乗れるようになるためには、練習が必要です。何度も転びながらもまわりの大人に助けられ、ようやく乗れるようになった方も少なくはないでしょう。

読書も似ています。読書をしなくても暮らしていくことはできます。でも、読書ができたら、経験しないことや知らないことに出会うことができるのです。気がつけば読書ができたという子もおりますが、練習や大人の助けが必要な子もたくさんいます。

2年生になると、時間的な経過を追いながらお話を読むようになってきます。お話を聞くことも大好きですが、自分で本を読めることに喜びや関心を抱くのもこの頃です。読書をしたいという心が育ってくると、「面白い本ないかな」と、探し出すようになります。これは、顔見知りの本から卒業するサインです。小学校

塩谷京子（しおや　きょうこ）
静岡県生まれ。静岡大学教育学部卒業。静岡大学大学院情報学研究科修了。静岡市立小学校教諭・司書教諭を経て、現在、関西大学初等部・中高等部学校図書館教育主任。専攻は学校図書館論。

〈主な著書〉
『私たちと情報5年6年』（分担執筆）学研
『しらべる力をそだてる授業！』（共著）ポプラ社
『学校図書館で育む情報リテラシー』（共著）全国学校図書館協議会
『情報リテラシー～言葉に立ち止まる国語の授業』（分担執筆）明治図書
『本をもっと楽しむ本～読みたい本を見つける図鑑』全4巻（監修）学研教育出版

低学年の子どもは、基本的に自分が好きなジャンルの本の難易度を上げて読んでいきます。生き物が好きな子は生き物の本、ファンタジーが好きな子はファンタジーの本といった具合です。成長するにしたがって、読書のジャンルは好きなジャンルに近いところから少しずつ広がっていきます。

さて、読まないジャンルはそのまま放っておいていいのでしょうか。そこで、大切なのが読み聞かせです。「自分で読むのは好きなジャンルで。読み聞かせは幅広いジャンルで。」この理屈がわかれば誰でも自転車乗りの手助けができるように、読書の手助けもできるのです。

この本で取り上げた人物は、多様な分野で活躍していた人たちです。子どもの目線から見ると、自分で読みたい偉人の伝記もあるでしょうし、そうでないものもあるでしょう。読破する力を育てることはもちろん大切ですが、読み聞かせにより興味や視野を広げる機会をつくることも大切な時期です。ぜひ、お子さんとの時間を大切にしてください。

編　者　　10分で読める伝記編集委員会

監　修　　関西大学初等部・中高等部 学校図書館教育主任　塩谷京子

文　　栗生こずえ　入澤宣幸　甲斐 望　こざき ゆう　沢辺有司　鶴川たくじ
中原道夫　星 明子

表紙絵　　柴田亜樹子

本文絵　　石川えりこ　汐崎亮子　角 慎作　塚越文雄　鳥飼規世　手塚プロダクション
中村頼子　ひらの てつお　福田ゆうこ　堀口順一朗　水野ぷりん　山本祐司
ユータ

装丁・本文デザイン　　エルジェ（村上ゆみ子）

10分で読める伝記　2年生

2011年4月23日　第1刷発行
2013年5月11日　第6刷発行

発行人　水谷隆介
編集人　小方桂子
編集・制作　村田 創　川田夏子　小泉隆義　白井由紀子
編集協力　堀内眞里

発行所　株式会社 学研教育出版
〒141-8413　東京都品川区西五反田2-11-8
発売元　株式会社 学研マーケティング
〒141-8415　東京都品川区西五反田2-11-8
印刷所　凸版印刷株式会社

この本に関する各種お問い合わせ先
【電話の場合】
●編集内容については　Tel 03-6431-1615（編集部直通）
●在庫、不良品（落丁、乱丁）については　Tel 03-6431-1197（販売部直通）
●学研商品に関するお問い合わせは　Tel 03-6431-1002（学研お客様センター）
【文書の場合】
〒141-8418 東京都品川区西五反田2-11-8　学研お客様センター『10分で読める伝記』係

【お客様の個人情報取り扱いについて】
はがき等にご記入いただいてお預かりした個人情報に関するお問い合わせは、株式会社学研教育出版
児童・ティーンズ出版事業部（電話03-6431-1615）までお願いいたします。
当社の個人情報保護については、当社ホームページ　http://gakken-ep.co.jp/privacypolicy/ をご覧ください。

（NDC 280　176p　21.0cm × 14.8cm）

VEGETABLE OIL INK

この本は環境負荷の少ない下記の方法で制作しました。
●製版フィルムを使用しないCTP方式で印刷しました。
●一部植物油インキを使用しました。
●環境に配慮して作られた紙を使用しています。